Cartes sonores

Piste 1. Anis et Fathi 0.45
2. Petit – Chouïa 0.21
3. Élixir des mots. Diwãn Agora 1.12
4. Échec et mat. Diwãn Ennissa 0.21
5. Des résonances.... Diwãn Ennissa 1.18
6. Safar. Diwãn Agora 0.12
7. Qahwa. Diwãn Ennisssa 1.26
8. Zhar. Diwãn Agora 1.24
9. Distillation. Diwãn Agora 2.16
10. Mots voyagés. Diwãn Ennissa 1.47
11. Bougie. Diwãn Agora 0.48
12. Le nom des villes... Diwãn Ennissa 0.58
13. Le nom des villes... Diwãn Agora 1.15
14. Almanach, zénith. Diwãn Agora 0.59
15. D'aussi loin... Diwãn Agora 1.34
16. D'aussi loin... déclic. Diwãn Agora 2.17
17. Résonances, Jabel el-Wasch. Diwãn Ennissa 2.18
18. Diwãn Ennissa 1.43
19. Matelas. Diwãn Ennissa 1.56
20. Matelas Poséïdon. Diwãn Ennissa 0.32
21. Caroube, carat, caroubier. Diwãn Agora 1.46
22. Carat. Diwãn Ennissa. 0.45
23. Badis. Il n'y a que la frontière qui nous sépare. 3.10
24. Carat, Badis. 0.54
25. Nûba. Diwãn Ennissa 2.03
26. Madrague. Diwãn Ennissa 1.06
27. Al-garnina. Diwãn Ennissa 1.25
28. Exotique. Diwãn Ennissa 0.43

Diwãn Ennissa association Contacts Gardanne 2012/2015
Diwãn Agora Femmes en action centre social Agora Marseille 2013/2015

Chaque extrait retranscrit dans les cahiers est indiqué en bas de page

©la courte échelle / éditions transit
2 Place Francis Chirat 13002 Marseille
ISBN 978-2-917270-13-4

Diwãn des mots vogagés, notes.

écrit ------------ oralité
rires et silences juste avant
le ton déplace les traductions
des fragments et des intonations
des tonnerres dans les transitions

Une création individuelle et collective
prétexte pour faire connaissances

Zahr
fleur
chance

Motif
une nappe damassée
Indice
tu dis comme en quête
Collecte
Construire les pages au fil des rendez-vous.

Il y a débat – Les traductions ne sont jamais uniformes.
Le choc des étapes, des mots, des situations, des historiques, des échanges qui se produisent illustrés par des résonances, des liens de façon insoupçonnée.

Nûba
Nouba
Traduire ------------ chacun son tour

note : déjeuner avec les femmes en action de l'Agora dans leur jardin collectif et découvrir les mosaïques du bassin de leur création, appelé pour le temps du poème Bassin Méditerranéen.

S'approcher d'entendre et de voir .

Muriel Modr, octobre 2015

Cahier 1/2

enquêtes, collecte des mots voyagés

2012-2015 diwãn des Femmes de l'association Contacts. Diwãn Ennissa Gardanne

DIWAN

divan
Perse
scribe
écrivain
recueil de poèmes
Moyen-Orient
registre
liste
coussins
règles
politique
autorité
salle
conseil
Asie
ministre des impôts
réunion
siège
assise
allongé
salle de réception
café
psychanalyse

Divan.
Emprunté en 1519 au persan diwan de dibir - l'écrivain - où il désignait un registre, un recueil de textes, le plus souvent de poésie calligraphiée.
Introduit par l'intermédiaire du turc divan qui nommait ainsi un bureau de l'administration, il apparaît alors en français avec ce sens. Il désigne un conseil de notables et particulièrement le conseil du Grand Turc, puis le gouvernement turc lui-même. Cette salle était meublée à la turque, de sièges bas et de coussins. A partir du XVIIIe siècle, le terme a pris le sens du meuble qu'on y rencontrait, un siège allongé, sans dossier ni bras, placé contre le mur et garni de coussins.
En 1559 on le trouve avec le sens « salle du conseil du Turc », en 1759, avec celui de « gouvernement de la Sublime Porte », puis, vers 1660 celui de « salle de réception » toujours en rapport avec l'Empire Ottoman, c'est en 1742 qu'il apparait avec son sens moderne.

les mots repassent les frontières avec les résonnances

« Les mots repassent les frontières avec les résonances… Comme je parle du déplacement avec caravane, avec caroube… le goût de l'enfance, de la limonade… la fraîcheur et qâtran, la goutte du goudron de résine dans l'eau, le soin, la nostalgie. Qahwa, alambic, la légèreté, la fête en zhar… Le goût, celui de la terre. Des souvenirs d'amour et de distance. Des souvenirs de crainte et de guerre. Des magasins vides ou

« des sentiments restés en attente — haute histoire — le mot matelas à poser là, suspendre le temps. Matelas volant ce serait une haute histoire

remplis à raz-bord. Des piles de sentiments... revenir à des premières émotions de découverte. Jasmin, yasmine, comme bienvenue. L'objet d'un lieu imbibé. Il y a des résonances, des sentiments restés en attente. Le mot matelas, matrah, se poser là... suspendre le temps. Matelas volant ! ce serait une haute histoire...»

Diwān ennissa, 29 novembre 2012,

Zahia, Assia et Nacéra : « de la table dans la pièce en tendant le bras on pourrait presque toucher le mur.»
« Une ruche ironise Zahia. »
Entre deux mots, pour voir,
nous disposons sur la table des photographies et des mots.
Mériem souligne Zhar et Qahwa
« Surtout à l'Est l'odeur de Zhar, c'est le mois de mai, c'est l'odeur de l'enfance. »
Nacéra : « le moment du café l'après-midi, c'est une pause dans la journée, un temps pour les femmes. C'est la grande pause de l'après-midi ! al-Qahwa, un moment de rencontre pour élaborer des projets, pour échanger sur plusieurs sujets. C'est un temps pris aussi pour penser, pour s'évader.
Qahwa
On pourrait écrire tout un livre sur l'art et la manière de faire bouillir l'eau dans une casserole avec la moulure du café.
Un petit feu de brindilles pour chauffer l'eau, une cuillère pour tourner le café au fond de la casserole avant de laisser reposer un peu.
Chouïa chouïa. »
Meriem reprend : « quand on dit petit chouïa, on dit deux fois la même chose.
Pléonasme ! »
« Pléonasme Oui ! »
Rires
« Nous parlons deux langues c'est comme ça ! »

Mériem : « Qahwa, qu'est ce qu'on y ajoute dans chaque région ?
Zahr. Cannelle. Poivre noir. Anis. Chiba. Clou de girofle. Gingembre aussi. »
Drifa : « Mon qahwa, moi il me faut la tasse de café, la vraie tasse de café. »
Dalila : « Il y a des endroits, des personnes le prennent dans un verre. Aussi dans les cafés, dehors dans les villes et surtout les hommes. »
« Le café maure ou le café égyptien. »

Nacéra : dans les campagnes il y avait aussi chez nous sur les places de marchés, des marchands qui servaient le café.
Un café qu'ils gardaient chaud dans des petites casseroles sur les braises.
Ils servaient tout au long de la journée.

Meriem : Qahwa avec un H

QaHwa

Il faudrait ajouter un chapitre sur le boire et les conditions.

Plusieurs pages pour la convivialité, la bienvenue
La nostalgie
La fête
Un espace, une pause
Un soutien
Un temps pour penser
Pour s'évader

Résonances

Kheira : smegh c'est le nom de l'encre que l'on fabrique, la couleur ressemble à celle du café, comme la couleur de ce dessin qui me l'a rappelée. Mon père préparait l'encre avec la laine qu'il faisait brûler. Il tirait un jus de cette laine grasse de la toison du mouton.
Ensuite il laissait reposer la préparation avec de l'eau pour la verser à la fin dans une petite bouteille de verre.

Drifa : il y a plusieurs sortes de façon pour écrire, moi je connaissais le journal trempé dans l'eau pour en faire un jus d'encre.

Résonances

Cette montagne-là, c'était le paradis de beaucoup de Constantinois. C'est Jabel el-Wahch, la montagne sauvage.
C'est une grande montagne. Tu vois, ce n'est pas rien, c'est énorme ! Pendant les vacances de printemps des gens montent dans cette montagne, avant c'était les vieux qui allaient chercher une fleur qu'on appelle el-Belliri -le narcisse sauvage-. Comme il plait aux Constantinois de la nommer. Pourquoi cette résonance ? Est-ce-que c'est l'odeur qui se dégage de ces champs de fleurs, est-ce- que c'est le souvenir de cette terre immense et exceptionnelle ? Tout ce qui est natal est exceptionnel, tout ce qui est natal est différent, beau. C'est tout ça à la fois, ce sont les souvenirs, la famille, c'est les odeurs, c'est ce que j'ai vu toute petite. Ce sont mes souvenirs et mon histoire que j'ai gardé précieusement au fond de moi.
Il n'y a pas si longtemps à Constantine justement , j'étais avec ma fille en taxi , et je lui ai dit, en roulant le long d'un champ de terre brûlée, « j'adore cette odeur, ce mélange de racines et de chaume. » Elle m'a répondu « moi aussi, » on a commencé à parler, à raconter tous ces souvenirs.
Le chauffeur s'est retourné, il nous a dit : « ah bon ! Vous aimez cette odeur ? oh là c'est affreux ! » j'ai répondu « non, non ! c'est très bon pour moi, c'est une bouffée d'oxygène. »

Les racines sentent bon aussi. De chez nous, un quartier de Constantine, on voyait la montagne, on la voyait en grand. A la saison des moissons, on pouvait même compter les gens qui glanaient les blés, les céréales. De cette montagne, je voyais descendre des femmes avec des bouts de bois sur leur tête qu'elles avaient bien ramassés, bien ficelés, bien choisis. Les gens revenaient le soir vers le crépuscule, car certains avaient des fermes de l'autre côté de la montagne, j'étais petite et j'avais l'impression qu'ils étaient presqu'au ciel. Tu vois les gens qui montent, qui montent et qui disparaissent. Quand ils redescendent, tu te poses la question : d'où viennent-ils, où étaient-ils ? Que c'est étrange. J'ai compris par la suite en allant en promenade avec toute la famille que c'était finalement ça ! j'avais atteint le haut de la montagne et je suis passée de l'autre côté, moi aussi ! Là, c'est immense à perte de vue.

Quand on se pause, ma mère, mes tantes préparent la galette, le café. C'est ma grand-mère qui prépare le café, et je sent cette odeur, qui est très très bonne. En fait, c'était l'odeur du bois et des racines. Ma grand-mère creusait la terre, elle prenait des racines pour faire chauffer l'eau du café. Elle s'y connaissait bien, c'était aussi une enfant des plaines. Des champs de céréales immenses, c'était chez elle. Dans la nature, elle savait ce qu'elle allait chercher.

Je me dis que la terre nous manque maintenant. Je disais tout à l'heure, darat-bina al-ardh c'est un proverbe arabe qui dit : quand on se sent lourd tout est étroit autour de nous, on devient minuscule, le monde devient minuscule, donc on est compressé.»

Extrait résonances des mots enregistrement de Nacéra Tolba

Enregistrement
/ Nacéra

Résonnances ⊕ notes

El belliri   les narcisses
La montagne porte le récit
Les racines sentent bon.

une conjugaison
d'Entre-temps

question du natal et des distances
—

Régal
La part la meilleure
reste inscrite
Récit
―――― image
Retour
immédiat
Précis ⟵――┼⟶ Traduire
⇕   │
Immense ⟷ A perte de vue

Atelier

- 1800 ---> ROUTES DE LA SOIE -----> ROUTES DES EPICES ET DE L'ENCENS ------>

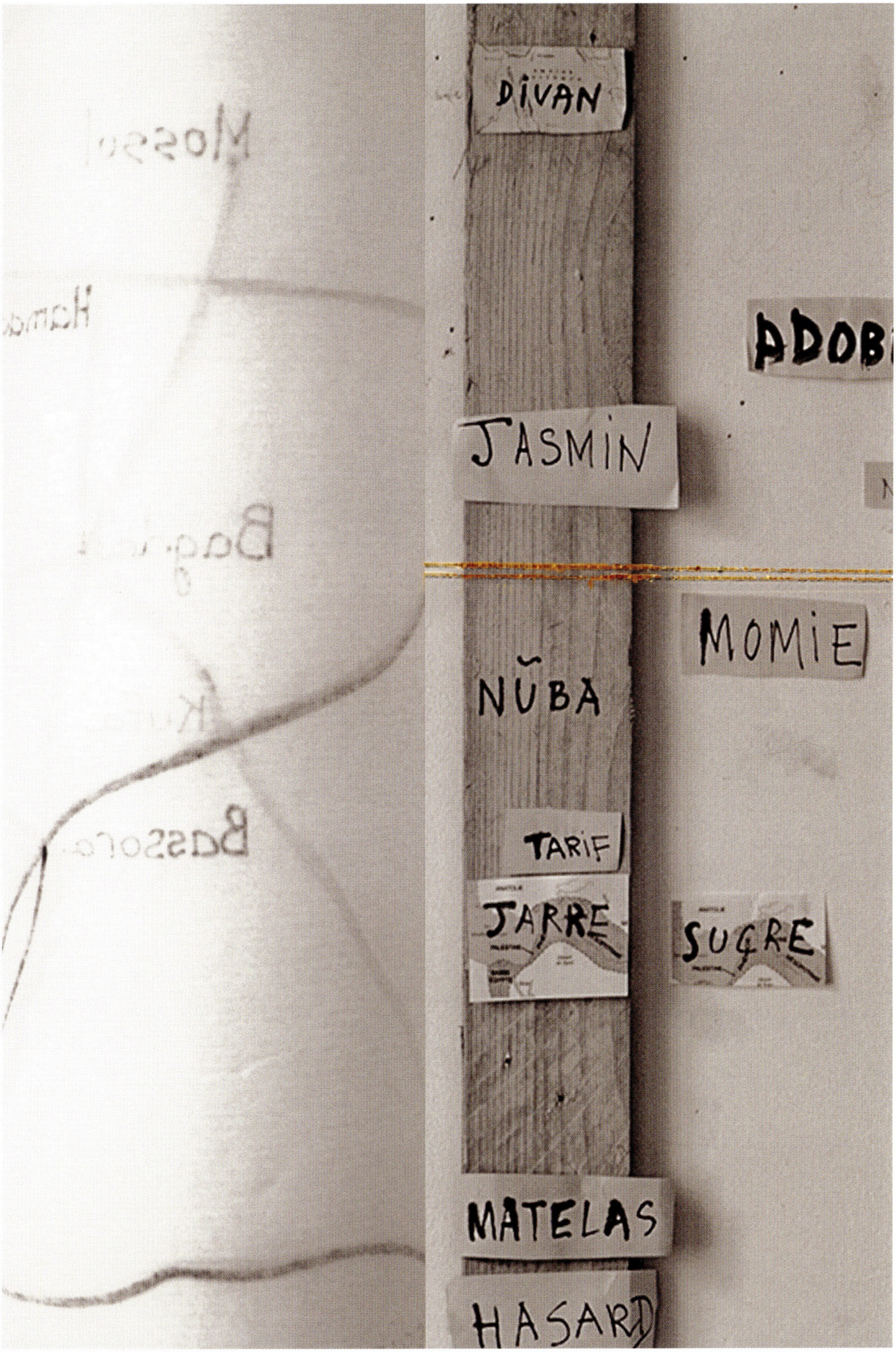

DIVAN

Mossoul

Hama

ADOBE

JASMIN

Bagdad

MOMIE

NŬBA

Kut

TARIF

Bassora

JARRE

SUCRE

MATELAS

HASARD

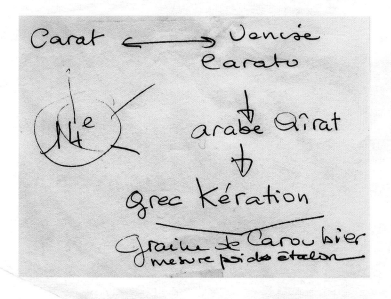

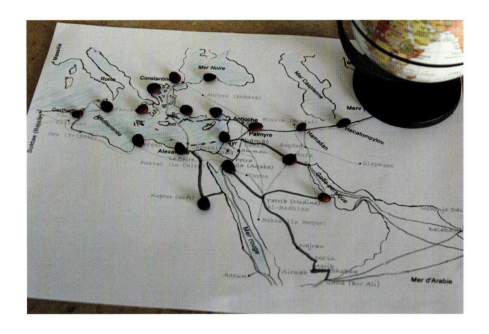

5 caroubes = 1 carat = 22 mg = mesure étalon

germination

Le poids des mots... Dalila annonce : moi, je vous assure
j'ai la main verte.
L'atelier diwãn et carat se termine par un semis de graines de caroubier.

Piste 22. Carat. Diwãn Ennissa.

Résonances

Dalila : chami ! il existe deux façons, je connais bien celle de la Syrie.
C'est une soie très souple, fine et douce. Toutes nos grands-mères
avaient chez elles un foulard chami pour sa légèreté.
Pour montrer cette finesse, on peut tenir une robe entière dans une seule
main.
C'est bien connu

Mots Géograph.

Echec Perse	Mat Perse	Adobe Egypte	Coton Mesopotamie	Datte Grèce
Sucre Palestine	Alchimie Egypte	Carrare Inde	Ambre Arabie	Azur Perse
Epinard Perse	girafe Egypte	Guitare Inde Perse	Hasard Levant	Satin Chine (TsiaToung)
Almanach Assyrie	Carat Grèce	Limonade Perse	luth Damas	Arsenal Levant
Azimut Bagdad	Alambic Perse	Calibre Grèce	danse Levant	galère grèce

Nouba
Nûba
chacun son tour
Chacune un mot
oralité – relais – des phrases – des notes
/ écouter l'enregistrement / carte sonore nouba piste ...

notes pour Méditerranée,
Sam : « la mer Méditerranée ou le bassin
Le ventre
Garder le bassin au centre
La bouche
entre le fleuve et la mer
On dit plonger entre deux eaux.»

La table des rencontres :

        Une carte de la Méditerranée coloriée

    Un plateau à fleurs   Un livre du poète Adonis
un carré d'ambre

        Une étiquette d'eau de fleur d'oranger

Une bassine émaillée bleue

        Un dé à jouer

    Une photographie de Palerme

Une rose des sables

    Des bobines de soie

Le dessin de Driss : le hazard glisse avec le vent

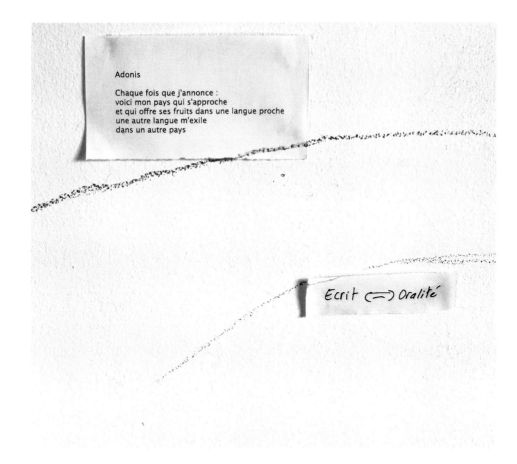

Adonis

Chaque fois que j'annonce :
voici mon pays qui s'approche
et qui offre ses fruits dans une langue proche
une autre langue m'exile
dans un autre pays

Ecrit ⇄ Oralité

Piste 25. Nûba. Diwãn Ennissa

Pour le mot matelas R.V.
avec les femmes du diwan Eniisa
à Carry sur la plage et les
rochers. Matelas d'Algues
Prendre le café + Couffin déjeuner
sur le récif.

lectures
Relevé ds mots
Couffin – Matelas – Recif – Diwan –
Café –

23 avril, rendez-vous à Carry-le-Rouet sur le matrah d'algues

Matelas —————————— Italie
  ↑   Materasso
1306
                          ↓
                   ARABE
                   MATRAH
                     ↓
             verbe Taraha
             Poser à terre
             Marquer un lieu

Matelas

- Matelas
- Matelas c'est un mot arabe
- Exactement c'est un mot arabe, c'est un matelas d'algues, une épaisseur d'algues.
- Tu vois ce qui flotte là, on dit toujours qu'on pose le matelas quelque part pour se reposer
- là le matelas c'est au bord de l'eau il vient s'échouer au bord de la plage, on s'enfonce dans les mots
- Dans les mots ?
- Dans les mots et dans la posidonie aussi

Piste 20. Matelas poseïdon. Diwãn Ennissa

raṣīf

Matelas

Une place reste à ta place

                                  Matrah ma anta

La place où tu es

                La place confortable où l'on peut se reposer

Egyptien : matrah majit

                        La place d'où tu viens

Comme c'est dit : celui qui dit que l'hiver n'a pas été froid a dormi sur un matelas de laine

Résonances

« Les devises c'est l'argent étranger, voilà
C'est les dollards aussi
Avant en Algérie la devise c'était le franc et que le franc. Ce n'était pas les pesetas ou une autre monnaie.
D'un côté l'argent n'est pas échangeable, il y a des anciens émigrés qui disent l'argent de la France reste en France ! !
rire ---------c'est vrai c'est la vérité ça ne sort pas

Pourquoi on est venu à parler de ce sujet ?
C'est à propos des matelas et des travailleurs qui gardaient leur paye sous le matelas, quand ils dormaient le soir, pour certains, à ce que j'ai entendu.
Aussi les billets qui n'ont plus de valeur. Comme on a vu les économies de ce marin comorien. Quand sa femme a voulu les changer à l'âge de la retraite, ça n'avait plus de valeur que celle du papier. »

« Matelas d'argent.
Le matelas c'est comme le portefeuille, comme la banque.
Ils mettaient l'argent sous le matelas, avant les gens.
Tu cherches l'argent chez un vieux, c'est sous le matelas. Jusqu'à maintenant ça existe mais pas chez nous.
Nous on avait pas d'argent alors...
Non non c'est vrai.
Tu mets l'argent en dessous tu dors dessus.
Au moins tu sais qu'il va nulle part.
Mon père était à Paris, il nous envoyait de l'argent un fois par mois.
Ça peut exister encore ici aussi, il faudrait demander. »

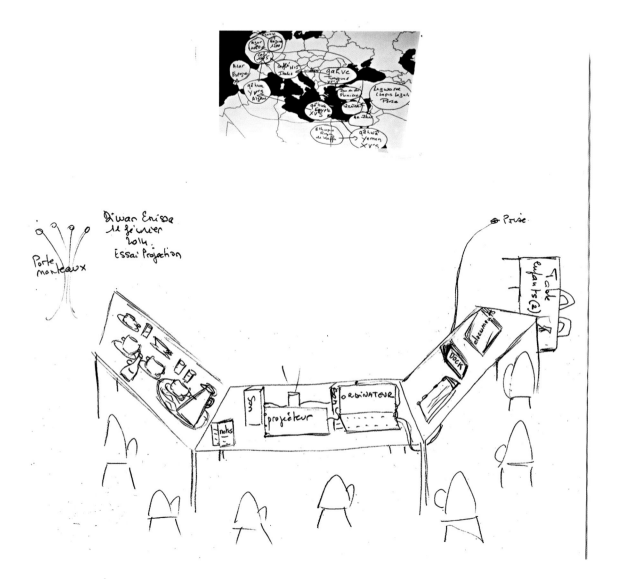

pièce des débats, des cours de français et d'arabe, des lectures, des repas et des échanges

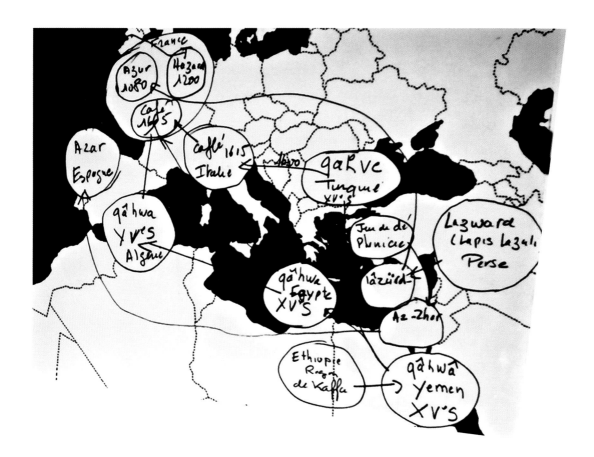

Association Contacts, diwān du 1er février, essai projection des cartes et des mots, propositions et commentaires.

notes

Ambix en grec devient le vase al'inbiq
Al'iksîr en grec kseron devient élixir

enregistrer Al-Andalus
en quête
enregistrer passeurs :
980. Naissance de Avicenne, Ibn Sīnā le philosophe et médecin,
astronome et scientifique persan

enregistrer ombre et lumière

Alkimïa devient alchimie

enregistrer
1126. naissance de Averroès Ibn Ruchd de Cordoue
philosophe, théologien rationaliste islamique, juriste,
mathématicien et médecin.

Les commentaires d'Aristote

enregistrer chiffre et zéro
sifr a donné le vide
Algèbre Inde et Arabie

enregistre Arabesque

le cercle dans le carré

al'inbiq

A la fin de la distillation
s'asperger du jus des pétales de rose au fond des cuves refroidies
enregistre alambic – al'inbiq
enregistre goutte-à-goutte, qatra-qatra

Elixir

Vous pouvez enregistrer – diwãn – divan en français
Sofa un autre mot

Le divan du psy pour tout dire
Le poême aussi

le diwãn des mots migrants
----------   voyageurs   ----------- quotidiens
-- insolites --------------
mots des philosophes
-------------------- des mots de religion
des mots de souvenir ---------------- des mots d'espoirs
------------ des mots d'amour
------------------------------------- des mots de soustraction

Une articulation sur le bout de la langue
Des souffles
Des mots éboulis
Des mots dans la tête ------ des mots de traduction
Des mots de mesure

Lecture du carnet orange – « Les métiers de réparation / les mots de transformation.
On ne jette rien.
On recolle. On recoud. On met une pièce ».

notes :

Azur : poudre à tracer

La bibliothèque de Kenza

carte sonore extrait madrague et raquette

Madrague enregistré avec Samira : « en arabe madhraba, c'est l'endroit, le lieu réservé pour frapper les poissons, surtout les pieuvres. Je me souviens c'était au bord de la place réservée aux pécheurs. On aimait bien venir regarder ce travail.»

MADRAGUE . XVIIème s. du provençal madraga, de l'arabe mazraba.

Il y a aussi Rahât la paume de la main qui est devenue la raquette

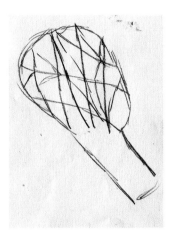

RAQUETTE : XIVe siècle raquette de l'arabe rahât « jeu de la main » par le latin médiéval rasceta. Jeu de paume. Tableau du peintre David.

Raquette

Ela

14e.

Majorquie → Pisa

14e.

EUROPE
↱ Échange
Ceuta — Mellilia — Bejaïa — Alger — Tunis
↓
Tlemsen

14e.

Marseille → Genova
                    ↓
                    Syrie
Alexandrie

«Alcazar c'est al-kasr ....

Alhambra el-Hamra   Rouge ....

....en Andalousie en Espagne Alicante .... c'est une histoire une légende qui dit ... Ali chante!......».

....Zhar   Hasard   « Il y a un dicton qui dit quelque chose comme :

Souvent, le hasard, vaut mieux que mille rendez-vous.»"

i m p r o v i s a t i o n

Piste 23 Badis mars 2014 « Il n'y a que la frontière qui nous sépare «

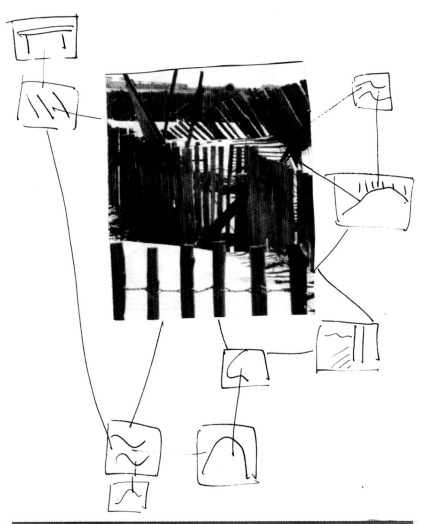

Enregistrer : Nommer les passeurs
les poètes

Algorithme
→ du nom du mathématicien Al Khuwarizmi
latinisé au Moyen Age en Algoritmi.

Proposition graphique de Zoubida Fettouhi-Tani pour le mot Zéro

Proposition graphique de Zoubida Fettouhi-Tani pour le mot chiffre

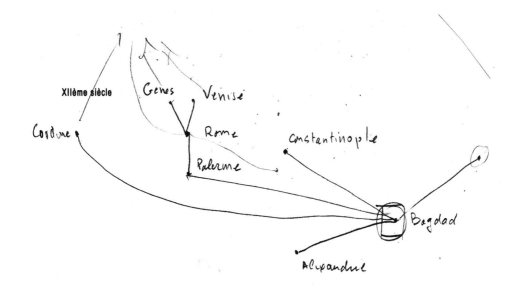

Exotique

Nacéra : « Lorsque tu es venue avec ce projet autour des mots voyagés, ces mots qui sont d'origine de l'histoire de la Méditerranée, cela m'a fait penser à une situation. Une situation à laquelle j'ai été confrontée il y a quelques années. Une enseignante me demande d'intervenir dans sa classe pour un atelier ayant comme sujet les mots d'origine arabe qui font rêver. Ma réaction a été de lui demander de façon spontanée, quel rêve ? pour quel mot ? pour quelle personne ?
Dans la liste des mots, pour certains il y a une grande part d'exotisme utilisé parfois avec une sorte d'inconscience, de fait.
J'expliquais par exemple : quand on évoque le mot sirocco, il illustre bien l'utilisation du rêve, de la « grande évasion » le sable doré, puis les dunes, l'immensité de l'espace, l'exotisme. Sirocco on n'a pas la même définition du mot, ni le même souvenir. Pour les gens qui habitent le désert avec la sécheresse, leur vie en dépend lorsqu'il est annoncé.
Quand on a l'esprit cloisonné dans l'exotisme, c'est difficile de s'en sortir. »

Safari : « Safari, c'est l'affiche qui promet le trophée de la chasse organisée en brousse, le mot a été créé par les anglais du swahili de Tanzanie.
Safari est bien un mot occidental du 19/20ème !
En arabe safar : le voyage, « jawaz as safar », le passeport, circuler librement comme on dit aller à perte de vue, aller s'instruire vers des paysages inconnus. Passer les frontières aussi par nécessité, par obligation.
Safara, le verbe se déplacer, safir le porteur de message, l'ambassadeur. »

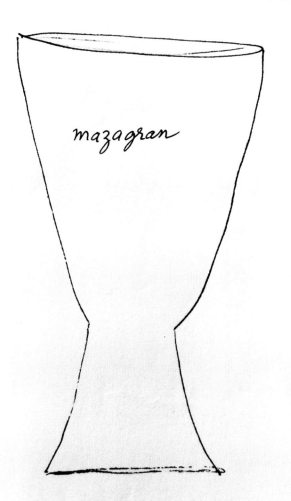

Mazagran : de Mazaghran nom d'un village d'Algérie, près de Mostaganem, lieu d'une bataille en 1840 entre la résistance menée par l'émir Abdel Kader et l'armée française.

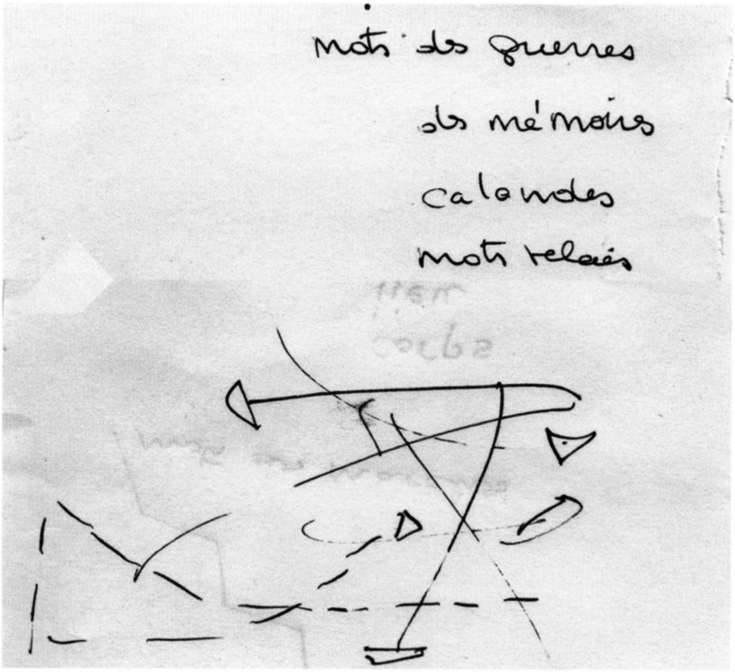

mots des guerres
des mémoires
calendes
mots relais

Nov. 2013
atelier visiteur en lisant VISA

VISA = VU
Chacun introduit un sens – un œil –
C'est comme un test → la définition que
tu choisis montre instantanément d'où
tu viens et où tu désires aller
– Tu peux venir des temps qui n'ont pas
été enregistrés – Des temps et des lieux
qui existent encore.

– les paroles des temps ne sont pas enregistrés
sur un CD pourtant le disque existe depuis
des siècles, on ne peut pas imaginer les voix
et les sons....

– le ciel du berger et le ciel du marin, la
nuit toute entière
On ne voit jamais la mer toute entière

élexir
darse
sorbet
couffin

lilas
douane
guitare
curcuma

**caravane
diwăn**

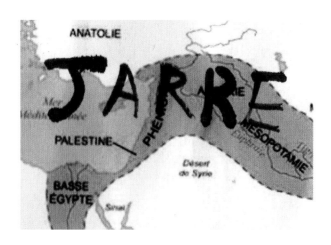

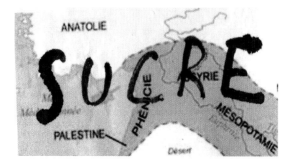

Résonances

Diwan Ennissa

Almanach me fait penser aux nuits de pleine lune, dehors là où il n'y avait pas encore d'électricité c'était le grand éclairage. L'occasion de rester dehors pour une fête ou écouter nos grands mères. Dans la fraîcheur, elles nous racontaient les
histoires de nos familles et des contes. C'était des soirées dans cette atmosphère de détente, qui nous faisaient voyager sur les routes des caravanes et des oasis, des chemins inconnus.
On s'enfonçait dans cette nuit claire et les ombres étaient encore plus importantes. Je me souviens des animaux qui étaient des personnages, différentes personnalités, des vrais personnages.
Je me souviens des plus jeunes, bien endormis dans les jambes de nos mères. Les adultes se racontaient leurs histoires et leurs souvenirs et ils ne savaient pas que dans le demi-sommeil, des enfants comme moi, écoutaient encore.

Résonances

Dalila : zaàfaràn, le safran, comme les vendanges, c'est un rendez-vous pour la collecte, chaque année à la bonne période, le matin très tôt dès que la fleur s'ouvre, toutes les générations sont réunies, elles portent dans les champs des paniers tressés pour cueillir les pistils . C'est un geste très délicat, il faut couper en pinçant avec l'ongle, les mains prennent la couleur du jaune qui s'échappe. Le pistil est fragile, comme un cheveu. Lorsque la cueillette est entièrement terminée c'est une belle fête pour clôre cette récolte.

Goudron ------ el Qatran, Pour se rafraîchir en Algérie j'ai connu ce que l'on appelle : l'eau de goudron. C'est une eau que l'on boit dans une outre qui a été préparée avec le goudron spécial, qui garde la fraîcheur comme dans un frigidaire. J'ai connu un chauffeur routier qui conduisait sur des grandes distances, jusqu'au sud dans le désert où il y a une très grande chaleur. Il gardait toujours une guerba remplie d'eau accrochée à son camion, et encore maintenant. Dans chaque maison la guerba, est accrochée à un clou, elle garde l'eau aussi fraîche que sortie d'un frigidaire, en passant chaque personne peut se désaltérer. Ce goudron spécial, a une couleur noire et il a plusieurs fonctions. Pour el-guerba, il faut prendre vraiment le meilleur d'une peau de chèvre, il faut qu'elle soit parfaitement nettoyée et recouverte à l'intérieur d'une couche de ce goudron bien imbibé, ensuite elle est cousue. Chaque famille en a connu.
Cette eau en plus de la fraîcheur, elle a un goût particulier, il y a ceux qui aiment et d'autres pas du tout, mais chaque personne a un bon souvenir de cette fraîcheur.
Il y a des sources d'eau qui contiennent une bonne quantité de cette distillation, les personnes qui s'y rendent en prennent dans une petite bouteille, en concentré pour plusieurs fonctions.
Il y a beaucoup à dire sur ce goudron, au Maghreb c'est bien connu, pour se soigner celui de cade, gatrane aussi .

24/09/2014

Médiathèque Nelson Mandela de Gardanne
Matériel de travail
1 - Carte géographique dessinée représentant les différentes époques, routes et explorations :
   Route des épices et de l'encens
   Route de la soie
   Route des navigateurs
2 - Carte représentant un tableau de plusieurs mots qui ont été travaillés ou vus précédemment
3 - Un ordianteur
4 - Micro d'enregistrement
5 - Des coquillages
Muriel reçoit une carte de Djerba de la part de Kheïra
Les femmes de l'association Contacts proposent de préparer un repas à Contacts pour le groupe de l'Agora

L'atelier notes:
La laine et l'encre naturel (smegh) ouvre le retour sur le précédent atelier du 17/06/14 au centre social l'Agora quartier de la Busserine à Marseille.

Pour la fin de l'été, chaleur et limonade, fabriquée à la maison, le goût est différent du citron pressé ou de la boisson gazeuse.
Citron : vient du mot limun qui provient de l'Asie et du Maghreb.

       notes Nacera Tolba ATELIER LE DIVAN DES FEMMES

Kheira pour diwan 24 sept 2014

Diwān Ennissa

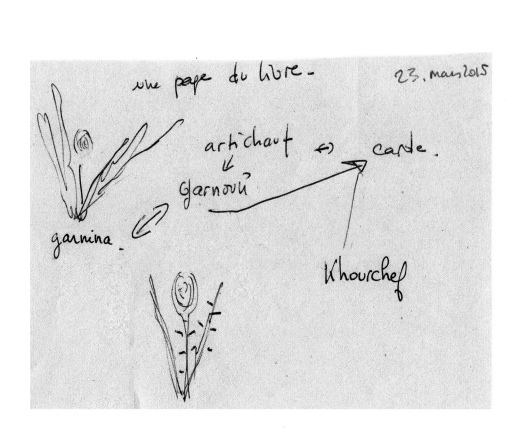

Le vieil homme et les chardons

Il faisait beau, un soleil éclatant sous un ciel d'azur. C'était un dimanche de printemps où tout inspire l'art et la poésie.

Je marche tranquillement vers le marché aux puces. Un grand marché de la cité phocéenne où se côtoient toutes les origines et les nationalités. Un vrai brassage cosmopolite comme on aime le dire ici à Marseille.

Soudain, non loin de l'entrée du marché, une voix chaude et tendre se hisse dans un gigantesque capharnaüm et un chahut indescriptible. Un mot retient particulièrement mon attention c'est el'garnina – les chardons –.

Je saisis l'axe de cette voix qui enchaîne une cascade de criées : passez par ici Mesdames, Messieurs ! Approchez ! Approchez s'il vous plaît ! Achetez mes bons et tendres chardons – chri el'garnina t'riya wa bnina – ! Achetez la fraîcheur de la colline ! Achetez la fraîcheur du printemps ! Je m'approche peu à peu, j'aperçois un vieux Monsieur debout devant un sac de chanvre humide afin de garder la fraîcheur de la plante. Surprise par l'âge et la tendresse du visage malgré les séquelles du temps. Un vieux Monsieur, il devait avoir 75 ans, un visage chargé d'images, de souvenirs, de joie, de bonheur, de tristesse, de regrets, de remords, d'injustice et des affres de l'exil ; un visage qui ressemble au visage de mon père.

J'entreprends la discussion avec lui, je l'interroge sur les chardons :

c'est des chardons de la colline de Manosque, c'est de la Haute-Provence, là-haut, là-haut Madame (l'image de Jean Giono surgit dans mon esprit).... Ils sont frais, ils sont tendres comme du beurre, tenez, gouttez-les ! me dit-il.

Une dame lui demande alors : qu'est-ce qu'on peut préparer avec ces chardons ? J'ai vu qu'il était gêné, il ne pouvait lui donner une recette. Il sait seulement que ça se mange à l'est algérien. Pour lui sauver la mise, j'interviens, je donne une recette et la femme repart contente avec une botte de chardons. Avec une certaine méfiance, il me regarde surpris par mon intervention et ma connaissance de la plante.

– Comment sais-tu, toi ça ?

– Mais... chez moi Monsieur, ma mère faisait du couscous aux chardons et même du ragoût.

– Comme ça chez toi ? t'es d'où toi ?

– Oui chez moi, à Constantine, à l'est d'Algérie, justement.

– Ahhh... voilà... j'en étais sûr d'après votre accent et votre connaissance.

– Merci quand même, me dit-il

– Merci pourquoi ?

– De le dire, je n'avais pas de recette à lui donner, je sais seulement qu'on les mange crus.

Une troisième femme l'interpelle, je lui donne sans hésiter la recette et voilà qu'une quatrième arrive et, avec un accent constantinois bien prononcé, entame la conversation et dicte la même recette à la personne. C'est une plante de chez nous, je connais très bien el-garnina – les chardons – de chez nous, nous dit-elle...

Je prends mes deux bottes de chardons frais de Manosque, il me salue chaleureusement, Saha ! Saha ! benti ! –Merci ! Merci ma fille ! – et dans ce bric-à-brac, je reprends mon chemin vers le marché, très, très, contente. Aujourd'hui, j'ai trouvé mon petit bonheur. Un souvenir, une odeur, une fraîcheur de printemps d'ailleurs qui a surgit, je ne sais par quelle magie.

Nacéra Tolba

Piste 27. Al-garnina. Diwăn Ennissa

Al-garnina, al-garnoun, en bordure

Samira, Lana, Zoubida et Nacéra
De artichaut à chardon, le mot entraîne le projet de cuisiner ensemble un plat coutumier pour fêter le printemps.
Rendez-vous matinal à Gardanne, à la périphérie pour cueillir les nouvelles pousses.
Al-garnina
El-kharchouf

carde chardon artichaut
collecte et enquête
Artichaut du lombard articiocco, lui-même issu de l'arabe
Ardi chouki, « l'épineux terrestre », par l'espagnol alcachofa et l'italien carciofo - .
En occitan carchôfa
Méditerranée Sud / Est / Ouest / Nord

Il y a des mots changeants dans le sens d'une taille ou d'une greffe.
L'interprétation de la rive, de l'emprunt et des descriptions, en bordure, fixe l'usage du mot.
C'est la greffe qui devient le tronc parfois.

Subject: couscous aux chardons
Date: Fri, 5 Jun 2015 23:57:39 +0000

Couscous aux chardons

Pour la sauce

Mettez dans une marmite

1 oignon

1 botte de chardons

Quelques morceaux de viande (facultatif)

1 poignée de pois chiches trempés la veille

2 c à s d'huile d'olive

sel, poivre blanc ou noir

cardes sauvages

Fèves fraîches

Lait

Préparation:

Epluchez les chardons, lavez-les abondamment pour enlever toute la terre, lavez une 2ème fois, coupez en petits dés ou en lamelles et mettez à cuire à la vapeur de préférence, cuire à demi-cuisson.

Dans un couscoussier, coupez l'oignon en petits dés et faites-le revenir dans l'huile d'olive. Ajoutez les morceaux de viande (facultatif), les poix chiches trempés la veille, les épices, faites revenir quelques minutes, mélangez et ajoutez l'eau. Couvrir et laissez cuire. A mi-cuisson, ajoutez les fèves et les chardons pré-cuits.

Pour le couscous

Dans une gasaâ ou un grand plat humectez le couscous, mettre dans une passoire, faites-le cuire une première fois à la vapeur, arrosez d'eau salée. Faites encore cuire le couscous une 2ème fois à la vapeur, retirer le de la vapeur, travaillez-le bien avec un peu d'huile d'olive ou du beurre rence.

vérifiez la cuisson des légumes et à la fin rajouter un litre de lait très chaud.

Eteignez le feu et servir chaud

Bon appétit

Résonances

Samira : « les noms des villes changent
Je suis de Annaba plus exactement d'un village à 23 kms du centre ville.
Mon village s'appelait St. Paul avant. Maintenant son nom c'est Chabaita Mokhtar, le nom de l'ancien combattant, un martyr qui a lutté pendant la guerre. Il est mort dans ce village il était de là. Moi j'y suis née et j'y ai grandi avec mes soeurs et frères.
J'aime Annaba, c'est à quinze minutes de chez nous. C'est une partie de la côte de la Méditerranée. On y passe la journée en famille l'été, les plages sont immenses. Moi ce que je préfère, c'est l'hiver quand il n'y a personne face à la vague.
Annaba, son nom était Bône. Elle s'appelle Annaba à cause du fruit, l'aâneb qui pousse un peu partout. Aâneb, le raisin
Tous connaissent Annaba pour ses vestiges depuis les Phéniciens, tous les peuples en ont fait la conquête.»

Assia :
« Je suis de Tin'ja
Tanger en français
Ah les mots ! ça change
Tin l'argile»
Tin'ja en arabe, s'approcher de la terre.
Une légende dit que les pattes de l'oiseau de mer aperçu du bateau, étaient recouvertes de l'argile de la côte africaine.
Dans la langue berbère : Tanja.»

Dalila :
« Dans Alger le quartier de ma famille c'est celui d'El-Harrach, avant le nom Maison-Carrée c'était le nom qui était donné par les Français.»

« Il y a Le Caire et Alexandrie --- l'Egypte

Alexandria

Cairo --- Qâhira

Alexandrie, le roi Alexandre

La Grande Bibliothèque

Il y a Casablanca en espagnol

La Maison Blanche en français

Anfa en amazigh

Ad-Dar al-Baïda en arabe

On dit Casa ou Casablanca, une très grande ville au Maroc. »

Piste 12. le nom des villes change. Dalila, Samira et Assia. Diwan Ennissa

Albatros, la carte d'Annaba, envoi de Samira pour le diwăn, septembre 2015

Diwān Ennissa

Aïcha EL Kouchi
Kaouter Hammami
Khadidja Hammami
Zahia Derghal
Djema Siari
Meriem Amrane
Halima Elmiri
Khaouania Megherfi
Assia Afailal
Samira Tiaïbia
Dalila Beddar
Sam Madjer
Driffa
Zoubida Fettouhi-Tani
Nacéra Tolba

Smaïl Gouasmi
Badis Hadj Slimane

Noria

Cahier 2/2

enquêtes, collecte des mots voyagés

2013-2015 diwãn des Femmes en action. Centre social Agora. Marseille

Ecrit ⇔ ORALITE

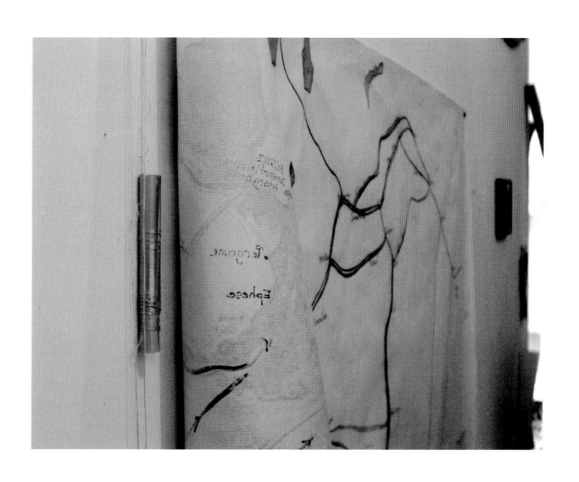

Jardin d'Adam, quartier Busserine

Mer Méditerranée
Mer Egée
Marmara
Bassin levantin
Mer noire

Jardin d'Adam Busserine

Autour de la table de l'atelier réflexions croisées :

– Mon père n'a pas perdu sa langue, c'était sa langue, l'algérien.
Dans le temps, dans ces années de travail, on ne pensait pas à apprendre le français aux étrangers.
– Certaines associations donnaient des cours.
Pour la majorité, ils ont ajouté quelques mots ici ou là au fur et à mesure pour comprendre et se faire comprendre, mais la lecture, non c'est certain.
– Dans ces mots en relation avec la langue des parents, je redécouvre des bribes. En Algérie, c'est une autre langue qui n'est pas vraiment de l'arabe classique.
– On pourrait dire qu'il y a des passages dans le français et dans l'algérien qui sont venus de l'arabe, en quelque sorte.
Un peu, aussi d'autres circuits, c'est vaste.

[Routes : enregistrer] → détours.
déserts, hautes montagnes
enregistrer récits

Soie et Encens

Chang'an
Langzhou
Dunhuang
Hami
Turfan
Ürûmqi
Kucha
Aksu
Niya
Kariya
Miran
Khotan
Leh
Yarcand
Kasghar
Bukhara
Samarkand
Trabzon
Merv
Hecatompylos
Hamadan
Palmyre
Antioche
Damas
Tyr
Alexandrie
Gaza
Rome
Venise
Gènes

Enregistrer >
Routes de la soie, routes de l'encens et des épices >

Chine
INDE → Kirghistan
Afghanistan
Pakistan
» IRAN – IRAK – SYRIE
TURQUIE
⌣
Méditerranée

Enr.)
OR – FOURRURES
CHEVAUX
EPICE – SOIE

Enr. Monts PAMIR

Les mots VEGA et ERG

« SAMARKAND » et UNIVERSITE
CARAVANE et CARAVANSERAIL

Byzance / Constantinople / Istambul — Trazbon

Ankara

mer méditerranée

Antioche
Alep
Palmyre
Tyr
Damas
Alexandrie Jérusalem
Gaza
Le Caire
Petra
Aqaba
Koptos
Médine
Mekka

Mossul
Hamadan
Bagdad
Kufa
Bassora

enregistrer ciel du désert et ciel du navigateur

1ᵉʳ mai 2014,
le port punique

Byblos
Tyr
Asion Gaber
Leptis Magna
Tripoli
Carthage
Soldae Bejaïa
Malaca
Cartagène
Ibiza
Pyrgi
Panormos
Palerme

ZENITH

NADIR

habite le désert

Au coucher des
étoiles
ASTRONOME

Azimut
[Courir d'étoiles en
étoiles]

Zénith enregistrer
du latin médiéval >
cenit
1338 de l'arabe Samt

enregistrer >
Almanach

Piste 14. Almanach, zénith,. Diwăn Agora

coton : 1160 par la Sicile et Italie, cultonis à Gène puis cotone et l'Andalousie de l'arabe qutun

satin : 1385 par l'espagnol aceitouni, de l'arabe zaitouni de la ville de tsia-toung en Chine

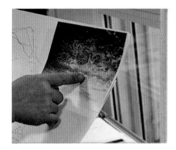

notes :

La carte déroulée a gardé la marque des lignes

Vue d'avion la photographie du fleuve ressemble aux routes.

> « Pour chaque endroit il faudrait dessiner un plan. Un plan comme pour indiquer la route à des personnes qui ne sont jamais venues. »

> « Pour aller à pied il faudrait plusieurs cartes bien étalées côte à côte. »
> « Des cartes qui montrent les montagnes et les fleuves, les déserts, les forêts. »
> « Les directions en pente, les chemins glissants, les tournants, les lacs. Les contours. »

> « Des routes le long des cultures pour le paysage.... Quand on passe près de certains champs, ça évoque des endroits. Le paysage peut être proche. »

> « Les cartes qui montrent bien la place des déserts, on ne peut pas confondre, c'est vaste. »

« Les routes du désert je les imagine bien dans la forme roulée sur l'envers. »
« Tu te perds si tu n'as pas la carte dans la tête depuis toujours, surtout avec le vent qui déplace tous les repères, tu te perds. »

« Avec le GPS il n'y a plus besoin de déplier des cartes immenses dans la voiture ! »

« Quand il y a des travaux, quand ils cassent la route, c'est une autre histoire, ni carte ni GPS, il faut prendre des détours et des détours. Chaque fois la route est modifiée.»

> « Ce qui m'intéresse vraiment, c'est de voir le chemin des mots et l'endroit où ils croisent les villes que je connais, s'il y a un croisement autour. Les villes ont changé de noms pendant des siècles d'histoire mais il y a des ressemblances.»

> De loin. De près. On veut découvrir !

« Avec tous les chemins qui mènent à Rome comme j'ai entendu ! en regardant toutes ces cartes depuis l'antiquité, je me dis que toutes les routes mènent aussi en Kabylie !.»

Mars 2014 : Hafida, Nacéra, Zhora, Nadia, Saaida

enregistrer cannelle – cardamome – gingembre

curcuma – route des épices

Alexandrie centre de commerce pour les épices indiennes

enregistrer le port de Calicut en Inde

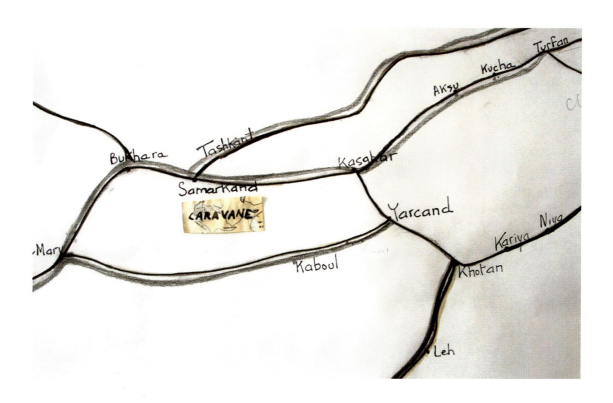

Décembre 2013, retour sur le fil de Casablanca, un peu comme une carte postale qui n'est jamais arrivée.

Je suis retournée à Casablanca, pour rencontrer les tisseurs de soie qui tirent les fils le long des murs dans les quartiers populaires de la ville. J'ai pris un petit taxi rouge en direction du parc de l'Hermitage après Mers Sultan. Les fileurs sont là, présents comme si nous avions rendez-vous. Ils travaillent, accrochent des fils en les retenant au grain du ciment ou à un minuscule clou. C'est un point de départ pour le déroulement en marchant et revenant sur ses pas pour effectuer la torsade des soies.
Pour notre projet ils tirent les fils de la route de la soie, embarquent l'Histoire en aller-retour.
Nous nous donnons rendez-vous pour la suite des diwãns en improvisant quelques traductions.
Le lendemain sur le marché j'ai trouvé les premières caroubes pour le mot Carat.

azur safran

al-inbiq

Alambic

Mai 2014 / Tunis / Route de Nabeul

Pistes 9. Distillation. Diwān Agora

ECHEC MAT   ADOBE COTON SAFRAN
               at-tūba

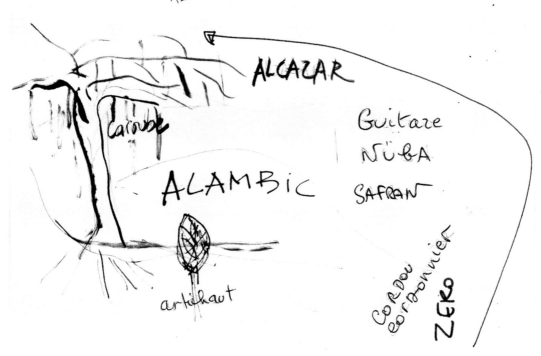

al-manâch
Almanach le climat
Almanach, ça me fait penser au calendrier
au facteur
Le résonance directe des saisons
L'atmosphère, les saisons, la pluie, le soleil.
Au zénith.
Au zénith on le dit zawel.
A l'heure du soleil, au samt, il n'y a plus personne dehors, c'est le calme.
El-hajara.
A l'ombre; dans la maison, c'est le repos.

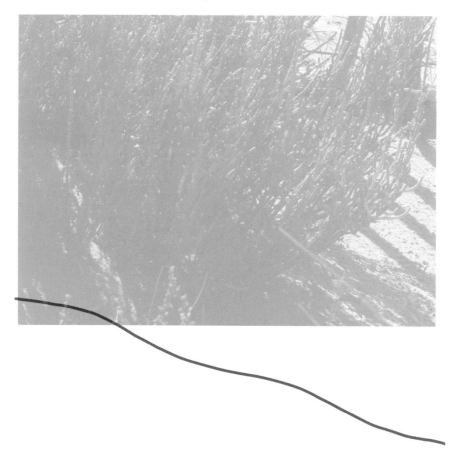

- SIRROCO
- CAFÉ
- DIVAN
- AZUR
- CHOUIA
- HASARD
- ALCAZAR
- TARIF
- COUFFIN

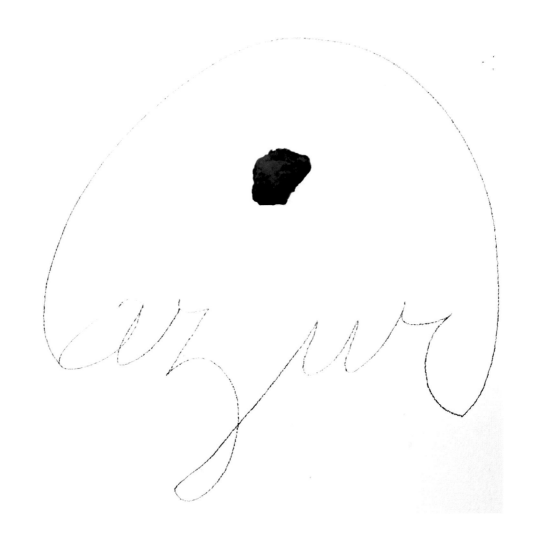

retenir le hasard

« Hasard
Zahr le hasard
Vous voulez dire le Hasard
Nous les Kabyles, on dit zahr la chance
Comme par hasard, par chance
le hasard est bien tombé. »

« Par hasard, je suis passée par là et je l'ai rencontré. »

« Par hasard, j'ai obtenu quelque chose.
Par hasard en même temps une coïncidence. »

« Par hasard j'ai découvert. »

" C'est aussi la fleur et le parfum de la fleur d'oranger.
Comme on le trouve dans toutes les maisons. »

« L'eau de chance peut-être. »

Hasard, de l'ancien français hasart, de l'espagnol azar, de l'arabe andalou az zahr jeu de dés, d'après l'arabe zahr fleur, comme la face du dé sur laquelle aurait été gravée une fleur.

nom : marque page Hazard

pour s'en souvenir
   par hasard
   ou
 souvenir du Hasard

J'y suis allé au Hasard

Zahr

Faire ça au hasard

Je suis parti dans un pays Hasard

Le vent souffle le Hasard, glisse dans le vent
La fleur d'oranger sent bon

Par hasard en renversant le café sur la nappe ça fait une tache ou une peinture

Par hasard il a mis une chaussette rouge et une chaussette verte
Par hasard

Par hasard le fenêtre s'est ouverte

Est ce que par hasard j'ai vu des amis sur la place
par hasard j'ai vu le dessin de mon frère

Je te dirais Hasard par hasard

Je me rappelle Hasard
Le hasard des jeux de dés anciens et la fleur d'oranger

Par hasard j'ai choisi une part de galette sous la serviette

Par hasard j'ai fait un dessin Hasard
Un Hasard bleu

Par hasard il est sorti marcher sous la pluie avec des lunettes de soleil
Par hasard quand il s'est retourné il ne m'a pas vu

Une fleur du hasard ----- j'ai senti le hasard

Je ne suis pas venu au Centre ce matin par hasard
Je ne savais pas que j'allais parler du hasard

Par hasard on a pris des légendes dans les livres

Il n'y a pas de hasard ou il y a cent Hasards.
Le hasard s'est perdu quelque part.

Les enfants du centre aéré de la Maison des Familles Font-Vert à Marseille, poème Hasard. Février 2013

17 septembre 2014
Des ouvriers des ponts et chaussées travaillent depuis le début de la semaine rue Jean François Lecas au coin de la rue de l'Observance. J'entends le bruit du camion de goudron , l'odeur aussi. La boite en plastique restée sur l'évier me servira de moule et calibre, une cuillère pour collecter le goudron encore chaud, si les ouvriers sont d'accord. Je me présente avec ma boite et mon mot, une minute après nous sommes en Egypte et nous parlons momie et pétrole.
En tout deux minutes de pause et une rencontre pour nous trois.
C'est chaud, je me dépêche de rentrer et ne pas laisser glisser mon pavé noir encore brillant pas encore durci. Les ouvriers m'ont précisé que c'était du zéro point dix. Demain ils seront toujours dans le quartier avec du plus fin, du zéro point cinq.
18 septembre
Je viens de démouler mon goudron, un pain de bitume brillant , du zéro point 10.
Des connexions se concentrent dans ce nouvel objet de 12cm sur 12cm
mirage
bitume
pistes
liaisons
circulation
il n'y a pas d'ombre
la chaleur fait fondre la route
les ouvriers travaillent sans masque
le goudron c'est un métier d'équipe
le goudron c'est étaler une bande pour recouvrir la terre, pour la faire plate.
Après un certain temps il y a toujours des racines qui percent, pour les pistes d'atterrissage c'est un traitement spécial, un entretien.

enregistrer datte : 1180 par le provençal datil par le latin dactylus du grec ancien dáktylos: doigt.

QUINTA
HASARD
MATELAS
CORDONNIER
MATRAQUE
COTON
ADOBE
ARTICHAUT
JARRE
SUCRE
DIVAN
PASTEQUE
RAME
LIMONADE
RAÏ
GUITARE
ALGORITHME

CARAT
NACRE
ZÉNITH
SOUDROIT
MAGASIN
MESQUIN
ECHEC
Chiffre
MOUSSON
ZERO
BOUGIE
erg
TARIF
saFran
SIROP
CARAVANE
CARAFE
SARBACANE
JASMIN

Agora, 29 novembre 2014

« Azur, oui. Je ne savais pas que les mots remontaient aussi loin, qu'ils étaient entrés dans la langue française depuis 1080, le 11ème siècle. Effectivement, quand j'ai vu ça, ça m'a fait plaisir quelque part, parce que ça veut dire que depuis la nuit des temps les mots ont voyagé. C'est le cheminement qui est beau, c'est agréable de savoir que, quelque part mes origines ont créé des mots pour la France et donc pour l'intégration. Ils ont fait fort, ils se sont intégrés tout seul !

J'aime bien aussi, celui qui me parle plus, en fait c'est le mot safran parce que ça me ramène vers chez moi, pour le Maroc. On cuisine beaucoup au safran et zaâfarān, c'est celui, on peut dire, qui n'a pas beaucoup bougé entre la prononciation en arabe et celle qu'il donne en français.
Je ne savais pas aussi que alambic ça venait d'un mot arabe, enfin pour moi, alambic restait un mot de la langue française, très contente de savoir que c'est un vieux mot.

Le divan (rire). C'était ça ton diwān. C'est le divan !

Algèbre, on n'en parle pas parce que j'ai toujours su que ça venait de chez moi.
Zéro le mot chiffre, sifr, qui veut dire zéro, mais qui ne veut peut-être pas dire la même chose si on cherche l'étymologie. En sanskrit ça veut dire vide.
Chez nous sifr veut dire que tu parles du chiffre zéro et du vide
C'est un déclic. Tu te rends compte que à l'origine, le mot tu l'as peut-être utilisé, dans ton enfance mais pas de la même manière.

Moi j'ai des souvenirs dans l'autre sens car toute jeune j'ai sauté du français à l'arabe très facilement, parce que ma mère, je ne sais pas si c'est qu'elle ne voulait pas parler français ou bien pour que nous, on apprenne notre langue d'origine et qu'on ne la perde pas, et on la remercie, paix à son âme.
Je suis très contente d'avoir appris l'arabe, parce que je vois qu'il y a beaucoup de gens de ma génération qui ont ce regret là de ne pas avoir appris l'arabe.
Même si c'est le patois, ce n'est pas l'arabe, mais au moins c'est celui de mon pays.
Quand je rentre, déjà, on a la casquette de l'immigré, on est jamais chez nous. Mais déjà, de pouvoir parler la même langue que ton pays de naissance ou d'origine c'est un point de plus, c'est une plus-value. Là tu es avec eux, tu es au milieu de la conversation, tu comprends tout ce qu'ils disent et puis même si de temps en temps tu cafouilles un peu ça les fait rigoler et puis ils te reprennent, et tu repars.
Je pense que quand tu comprends et que tu peux répondre ne serait-ce qu'à minima, tu as tout gagné.
J'ai la chance d'arriver à peu près à connaître tous les patois, parce qu'au Maghreb, on ne parle pas vraiment l'arabe littéraire.
Je suis du Maroc, du sud du Maroc, de Marrakech.

enregistrement Nadira Amsaghri

ALJABR

Algēbre

Du verbe Jabbara : réunir à nouveau deux éléments ou plus

Al-jabr signifie réduction, au sens de - réduction d'une fracture -sa transcription en latin a donné algebra puis algèbre.

Al-jabr consiste à réduire l'équation en éliminant les soustractions par addition de termes dans les deux membres.

L'Abrégé du calcul par la restauration et la comparaison est un livre historique de mathématiques écrit en arabe entre 813 et 833 par le mathématicien perse Al-Khawarizmi.

Dans cet ouvrage, Al-Khawarizmi pose les fondations de l'algèbre en étant le premier à étudier systématiquement la résolution des équations du premier et du second degré.

Les successeurs d'Al-Khwarizmi ont perpétué et amplifié son œuvre dans d'autres ouvrages qui portaient souvent le même titre.

Ce livre a eu une grande influence pendant plusieurs siècles, au point d'avoir donné naissance à deux noms communs dans de nombreuses langues, dont le français : algèbre et Algorithme par déformation de Al-Khwarizmi.

Il est le premier à exposer de façon à la fois claire et précise un ensemble de méthodes de résolution des équations du second degré.

Le mot Algèbre apparaît en Français à la fin du XIVème siècle, décalque du latin médiéval algébra.

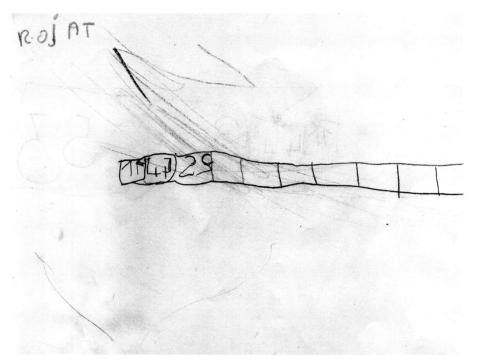

33. Preuve de l'addition. — D'une façon générale, *on appelle* **preuve d'une opération,** *une seconde opération qui a pour but de vérifier l'exactitude de la première.*

La preuve d'une opération ne donne évidemment pas une certitude sur l'exactitude de l'opération elle-même, car il peut arriver que l'opération soit exacte et que l'on fasse une erreur dans la preuve; ou encore que l'opération soit inexacte et que l'on fasse, dans la preuve, une erreur qui compense la première.

1° On peut faire la preuve de l'addition en changeant l'ordre dans lequel on ajoute les nombres, on doit trouver le même résultat : on peut, par exemple, recommencer l'opération en ajoutant les nombres de bas en haut;

L'Arithmétique, avec Boèce et Pythagore. (Bibl. Nat. 1516.) [On remarquera sur la robe du personnage féminin les chiffres tels qu'on les écrivait jusqu'au XVIe siècle.] (*Phot. Larousse.*)

2° On peut faire la preuve dite *preuve par 9* (v. n° 179).

34. Somme. — C'est une expression de la forme
$$5 + 2 + 3 + 7 + 6;$$

Résonances :

Hafida, Nacéra, Farida, Zhora :
- On a une langue
- On apprend une autre langue
- Le mixe, c'est encore une autre langue, une nouvelle langue.
- C'est remodelé sans cesse
- Déplacé
- Une langue courante mixe parce qu'il y a des mots impossible à traduire. On a pas encore trouver la bonne traduction.
- Ce sont des mots, parfois on peut les invoquer , il se peut qu'ils aient une signification, une histoire, une origine et il se peut aussi que non, je voudrais bien savoir plus.
- Je sais qu'il y a toujours une signification et plus
- Comme élixir, un extrait
- On veut connaître une part
- la langue arabe est riche, il faut choisir les mots avec certains mots il y a une signification.
A côté d'une autre mot il change de signification, à ce que j'ai entendu.

Hafida : Je me souviens du mot caroube. khaarrûb comme Carat.
C'est un poids, chaque graine de karrûb est identique, c'est devenue une mesure.
« Les caroubes , c'est notre chocolat. Je les ramassais aux Issères quand j'étais petite avec mon père. Le caroubier c'est un arbre immense. Maintenant on les prend encore. C'est bon pour la santé.
Les Issères c'est la wilaya de Boumerdes en Algérie.
Avant c'était la wilaya de Tizi Ouzou maintenant c'est plus rapproché.»

« Alger, Delis, Boumerdes. C'est la grande carte.»

Hafida : « Quand j'entends ces mots comme ça dans l'évolution,
si je ferme les yeux -------- si je sens la chaleur ---------
les images et les souvenirs viennent dans ma tête.
Je revois les paysages ------- j'entends la voix de mes cousins.»

Linda : « Mes parents sont partis à Alger à l'époque et je suis née à Kouba, la banlieue d'Alger. Ils venaient de Bouira, une Wilaya en Kabylie.»

Jaïda : « en regardant la carte, vers Sétif, on trouve le village de mon père Bebi Aziz.
Mon père parle bien des plats qui ressemblent à ceux de la Kabylie.
Cet endroit, je suis bien là-bas.
Mon rêve serait que mon père puisse y vivre sa retraite et avoir une maison. Il a la nostalgie de son pays et me raconte son enfance.
J'ai connu cet endroit au décès de ma mère. Mon père voulait construire à Ben Aziz mais il est parti construire à Biskra là où il a rencontré ma mère.»

Nacéra: « quand les frontières étaient ouvertes entre Oujda au Maroc et Oran en Algérie c'était facile pour se rendre visite quand on a de la famille de chaque côté.»

Farida: « Béjaïa c'est le lieu de mes racines en Algérie.
Béjaïa me repose, elle me retire le stress.»

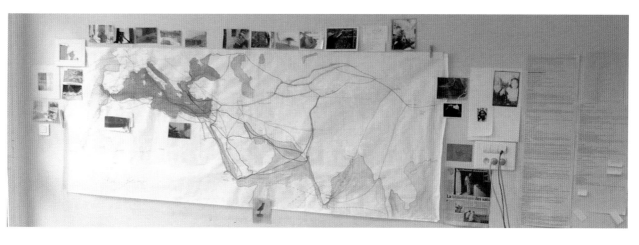

« Je viens de Béjaïa Bugaya , Bjayet en Kabyle, une grande ville, un grand port.
Bougie en Français.»

« Béjaïa c'est l'endroit où l'on a inventé la technique avec la cire et la mèche, ce qu'on a appelé bougie en Français, mais attention !, cham'a c'est une bougie en arabe, tu vois comme ça bouge, le mot.»
Zohra : « Je connais le savoir avec un tissu et du sel, et de l'huile »

« Pour revenir à la région de Tanger suivant les endroits plusieurs personnes comprennent très bien l'espagnol et il y a des mots qui se ressemblent aussi »
« Quand on parle des langues de la Méditerranée il y a des points proches, mais les accents sont très différents, la manière de dire est plus différente encore, même en apprenant il faut vivre sur place pour le prononcer correctement »

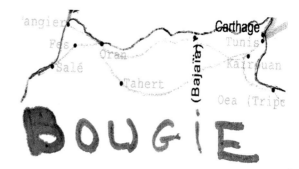

Piste 13. Le nom des villes... Diwãn Agora

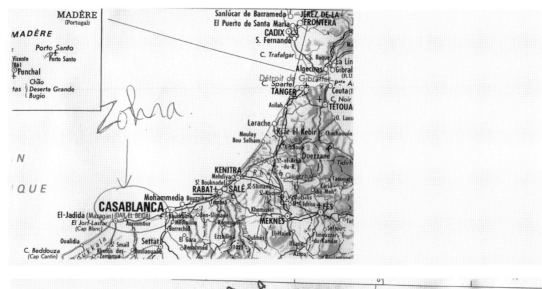

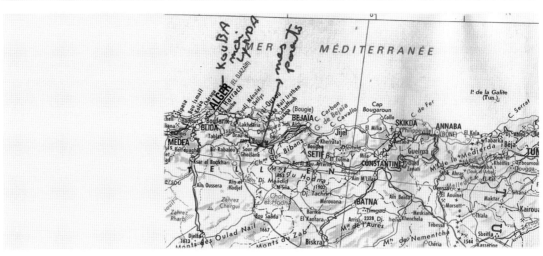

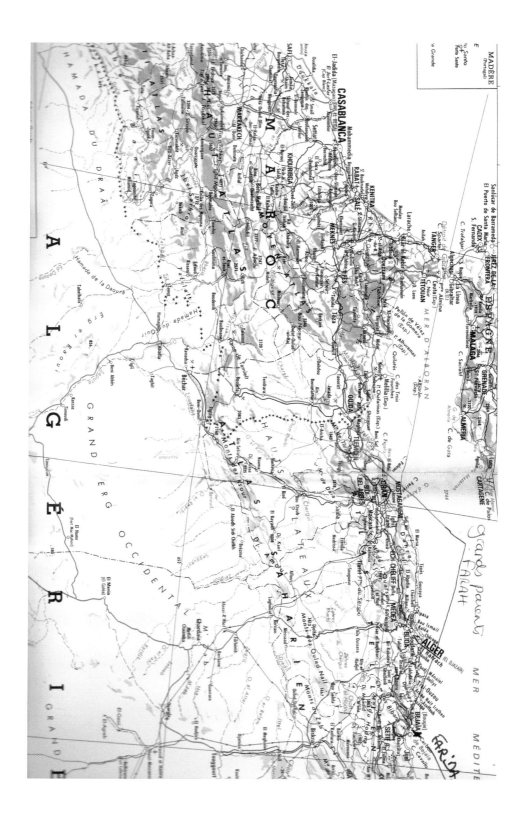

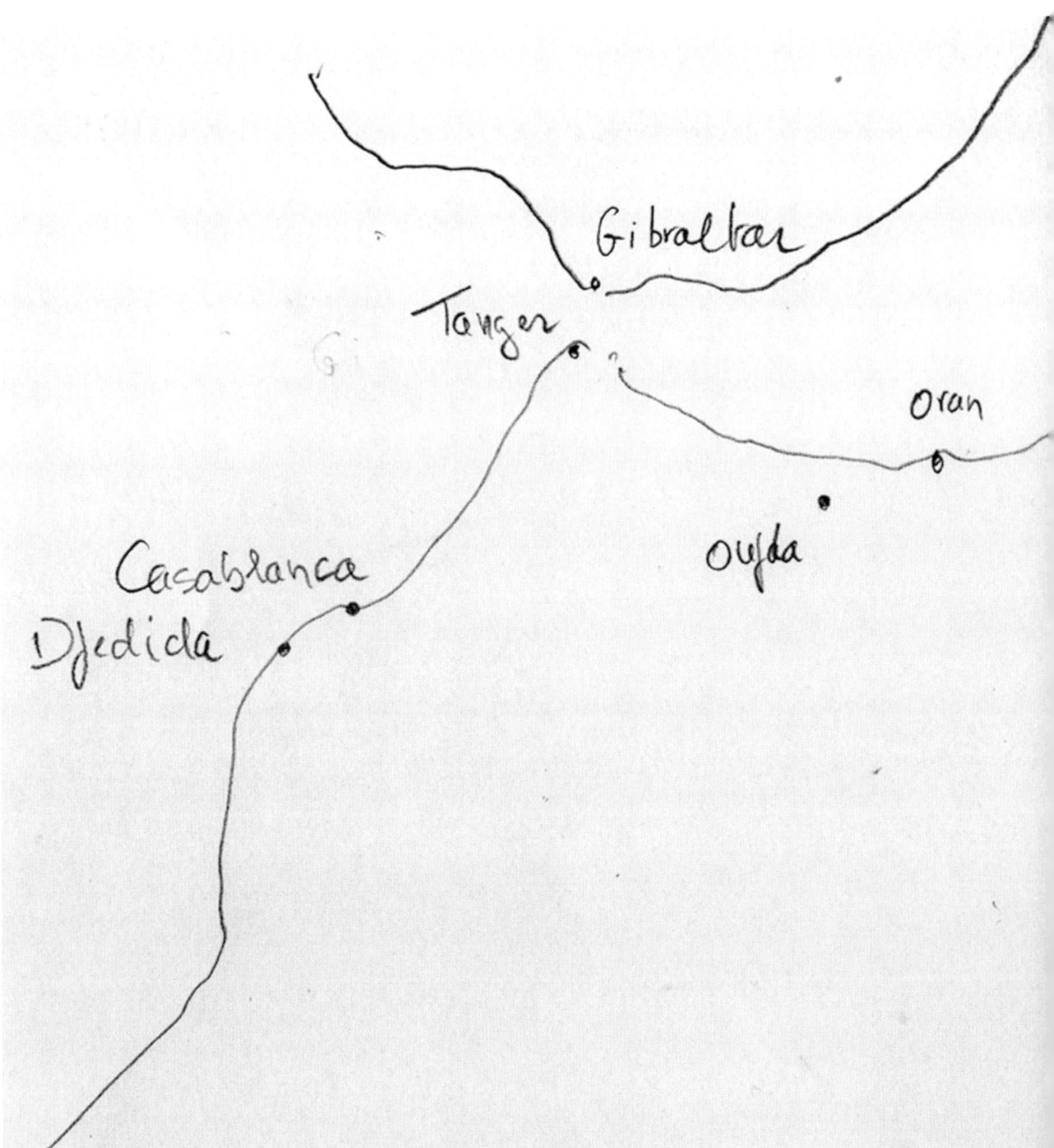

Gibraltar

Tanger

Oran

Casablanca
Djedida

Oujda

Alger Dellys
Tizi Ouzou   Bejaïa   Constantine   Tunis
              Beni Aziz
Bouira   Sétif

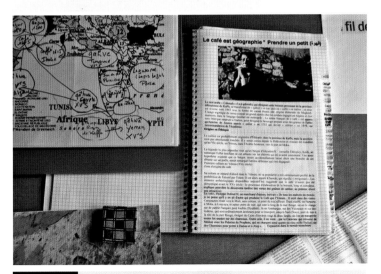

قهوة ● **Café** XVIIᵉ S. (d'abord Cahoa, 1611, de l'ar. cahwa; ensuite caüé, 1633). Empr. du turc Kahwé, qui vient de l'arabe Kahwa. L'usage du Café s'est établi et développé à Paris vers 1669, quand l'ambassadeur turc Soliman Muta Ferraca l'introduisit à la cour ; c'est à lui qu'est due très probabl. l'introduction du mot sous sa forme turque. Les lieux publics où on le consommait ont été installés à Paris peu après. On relate que le premier café fut ouvert en 1654, à Marseille. Le fr. pop. caoua, 1888, vient de l'argot militaire, qui a pris la forme arabe dans les armées d'Afrique -Dér. : caféier, 1743 (Sous la forme cafier); caféine, 1818; cafetier, 1680, "on dit plus communément limonadier", Academie, 1762; cafetière, 1685.

Café : n.m. (ital. caffé; de l'arabe qahwa). Syn. de caféier. // graines enfermées par deux dans le fruit (drupe rouge) de cet arbuste, et contenant un alcaloïde et un principe aromatique.
//Infusion faite avec ces graines torréfiées. //Lieu public où l'on prend du café et d'autres boissons. // -adj. inv. De la couleur du café, d'un brun presque noir : une robe café.

Marseille → Magasin
        Café
     MAHAZIN
13ème port comptoir
       MAGHREB

ALGERIE ; Saldae
Bajaïa
   ↓
BOUGIE
CIRE + MECHE
              14e

Marseille → Genova
                  • Syrie
           Alexandrie

Echelles voir comptoir

2013

notes : 1500 → Lisbonne
contrôle de la route MARITIME
des Épices, soie, porcelaine
Création Bureau Général
de commerce aux Indes
et Outre mer
1452 : Introduction du
1er MOULIN à Sucre à
Madère

Imprimer
pays blancs
et pays
noirs
de l'histoire
ex. Bordeaux les Nérac
 cousin

Galère
grec byzantin par le catalan
XVe.   et provençal.

La bibliothèque des sabl

Jacinthe Tulipe Lilas
↓
Turban

ambre de l'arabe anbar

DIWAN → CARAVANE
CARAVANSÉRAIL

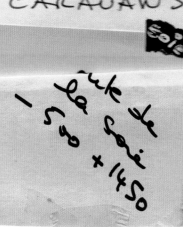

UN JOURNAL
croisement
le document
l'archive
le contemporain

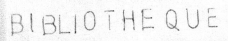

ALHAMBRA
la rouge

Amiral — ämyr'al al amyr

le cordonnier
de Cordoue

Marseille 1996

● **Magasin** Vers 1400. Empr. de l'arabe makhâzin, plur. de makhzin, "lieu de dépôt, bureau etc.", par l'intermédiaire du prov. ; dès 1229, magazenum apparaît dans un statut qui permet aux marchands de Marseille d'entretenir des entrepôts à Bougie, à ce moment-là le mot désignait exclusivement des magasins dans les villes du Maghreb. Le sing. a été repris vers la fin du XIXe S. sous la forme maghzen pour désigner les fonctionnaires du sultan du Maroc. L'esp. almacén est entré par l'intermédiaire des Arabes d'Espagne. - Dér. : magasinage, 1675; magasinier, 1692; emmagasiner, 1762.

magasin : n.m. (arabe makhâzin, lieu de dépôt). Lieu où l'on range et conserve des marchandises, des provisions : magasin à blé.// Etablissement de commerce : magasin d'épicerie.// cavité aménagée dans une arme à répétition pour l'approvisionnement des cartouches.

المَخْزَنُ كَمَقْعَدِ : مَوْضِعُ الخزن ج مخازن
خزن المال في الخزانة يخزن خزناً : أحرزه وادّخره .

Maison Habib 19.8.1998. Rue du Petit St Jean
Chez Brahim, salon de coiffure hommes et enfants..... 2007 à Marseille

- "qûffa des pierres"
- "Porter sur le dos"
- "Qûffa de mortier"
- "Qûffa des graines"
- "Qûffa de fruits"
- "Qûffa berceau"

Sa fortune est jugée à l'ampleur de son Couffin

Il erre comme un Qûffa qui a perdu ses anses

Couffin ⟩ latin cophinus ⟩ grec cophynos ⟩ provençal couffo
par l'intermédiaire de l'arabe qûffa

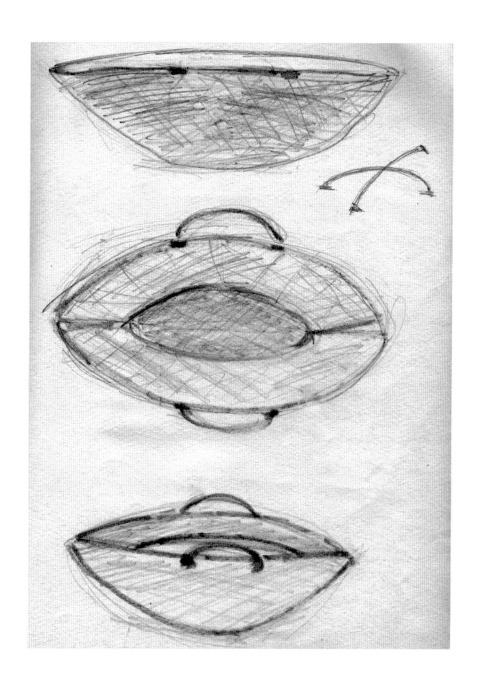

proposition collage de Rania à l'Agora

Pendant la guerre on faisait le café avec des pois chiches, de toute façon il y aura toujours un qahwa pour se réunir même avec des fèves !

proposition de Saaïda

proposition de Djaida

El Bahdja la joyeuse

El mahroussa la bien-gardée

El Djazair

proposition de Rania

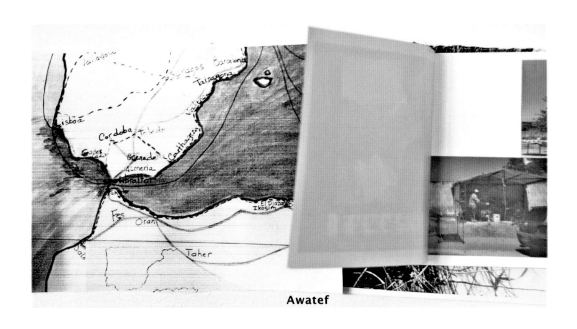

Awatef

atelier diwăn Agora résidence pour nacre

Pendant la résidence de novembre 2014, avec des enfants kurdes accompagnés par Nezahat Sahin responsable ENAF au centre social Agora pour le mot nacre, écoute dans les coquillages... les mots caravanes, guitare, hasard, alcazar ....une collection de dessins et d'aquarelles pour l'installation du diwān.

Sur la plage des catalans à Marseille les enfants font des châteaux comme des Alcazars avec des paraboles.

Nadège : « ma langue dans les Alpes c'est comme un ruisseau on l'appelle le Blaou.». « Parler une langue de complicité et d'Histoire, se retrouver dans la langue, ne veut pas dire que l'on s'est perdu dans une autre.»

Diwãn Femmes en action - centre social Agora - La Busserine Marseille

Nabila Farah
Hafida Aggal Belaïd
Farida Bilou
Rania Ziyad
Nacera Bekaoui
Saaida Mansouri
Hawatef Ouertani
Zohra Benlhaj
Djaïda Bensalem
Nadia Khechemi
Linda Amouri

Pour la résidence du diwãn novembre 2014 :
Nadira Amsaghri responsable accueil
Les animateurs, animatrices et enfants du centre aéré de l'Agora
Nazahat Sahin et les enfants de clas.enaf
Les femmes en action et leurs enfants

Nadia Benjilali, coordinatrice Pôle Savoirs et Cultures
Farah Rahou, animatrice Collective Famille

Nadège Richand, Maison des familles et des associations cité Font-Vert
et Centre Social Flamants Iris

Légende

page 3.   Portrait de famille, les arrières grands-parents d'Ismir.
page 7.   Diwãn Enissa traduction : diwãn des femmes
page 9.   Maroc plage d'El Jadida 2013
page 17. Photographie d'une pièce mixe Marseille Rabat pour l'installation du diwãn
page 21. Aquarelle note pour trouver les caroubes sur les marchés
page 22. Photographie de 18 carats répandus sur la carte de la Méditerranée
          . Photographie du Collier de 18 carats sur fil azur
page 23. Tentative de plantation des graines de caroubes du Maroc pour Gardanne par Dalila
page 27. Citation extraite du Désert, journal du siège de Beyrouth du poète Adonis.
page 28. Sam Madjer, Poseidone pour le diwãn sur la plage de Carry en avril 2013
page 29. Repas sur le récif pour matrah et qawha, photographie prise de la digue
page 30. Matelas de posidonies à Carry, avril 2014 pour la table d'orientation
page 33. Local de l'association Contacts, pièce des débats et des échanges
page 35. Construction en cours photographie pour la table d'orientation
pages 36-37. Photographie : un instant du geste pour tresser les fils de soie à Essaouira au Maroc
page 42. Document : serment du jeu de Paume du peintre David
page 43. Dessin de Ela accompagnée par Nazahat ......
page 45. Portrait de Badis Hadj Slimane photographie nb
          . Photographie improvisation : Loic Lavaut, Smail Gouasmi, Badis Hadj Slimane
pages 47-48. Dessins de Zoubida Fettouhi-Tani extraits d'une série de pastels pour le diwãn des
             mots voyagés
pages 54-55. Belahid Mohamed. fileur de soie à Casablanca - photographie pour la table
             d'orientation
page 59. Pour la table d'orientation la carte des jarres de djerba de Kheira
pages 62-63. Al garnina pour la table d'orientation - cueillette en bordure de la ville de gardanne à
             partir du mot artichaut
page 68. Carte de Annaba envoie d'Algérie de Samira Taîba pour les noms des villes et albatros
page 70. La noria, photographie d'atelier pour la table d'orientation
page 71. Diwan des femmes en action Agora
pages 74-75. Jardin collectif de la Busserine, bassin réalisé avec monsieur Agal artiste et calligraphe
             et les femmes en action pour les mosaiques. Le jardin d'Adam surnommé Bassin
             méditerranéen pour le poème du diwãn.
page 76. Atelier à Marseille
page 77. Le transport des marchandises. Port de Marseille. Messina pour la table d'Otientation

Légende

page 80. La carte roulée et la circulation dans son envers photographie et texte repris sur la carte

pages 82-83. Trajet des caravanes de la soie, des épices et de l'encens, des poètes et des chercheurs

page 84. Entrée du Port Punique Carthage photographie mai 2014

page 85. Les pêcheurs du port punique de Cathage pour la table d'orientation

pages 90-91. Prise de vue d'avion entre Madrid et Tanger pour la table d'orientaïd

page 98. Alambic mai 2014, route de Nabeul Tunisie

pages 102-103. Avec les enfants de la Maison des familles de Font-Vert, dessins et photographies pour Azur

page 105. Croquis pour Hasard

page 107. Zahr et marc de Qahwa

page 109. Rencontre avec les ouvriers des ponts et chaussées pour le mot goudron

page 110. Rencontre dans un café à AEGINA île grecque mai 2012

pages 111 à 137. Résidence au premier étage du centre social Agora à Marseille en novembre 2014

page 116. Belahid Mohamed. Fileur de soie à Casablanca Al 'jabr pour la table d'orientation

page 129. Les cafés de Palestine pour la table d'orientation- le café de Mahmoud Darwich lecture.

page 134. Devanture les Andalous Bazar quartier Belsunce Marseille pour la table d'orientation

page 136. Ancienne devanture de l'Alcazar théatre de Music- hall à Marseille transformé en magasin puis en bibliothèque photographie 1996 pour la table d'orientation

page 137. L'Escale chez Brahim Coiffeur photographie 2002

page 137. 1908 -1998 Maison Habib marchand d'étoffes rue du Petit St Jean quartier Belsunce à Marseille

page 139. Esquisse Qûffa diwãn Agora

pages 140 à 143. Collages, propositions pour la maquette du livre diwãn de Djaida Bensalem, Saaida Mansouri, Hawatef Ouertani, Rania Ziyad, Hafida Agal Belaïd

Page 147. Nacre. Ecoute dans un coquillage..résonnance Nazahat Sahin et les enfants clas Enaf - extrait d'un carnet de dessins et aquarelles réalisé par les enfants pour les mots artichaut caravane guitare hasard et couffin

pages 148-149. Sur la plage des catalans photographie nb chateau comme alcazar

page 157. Pour remercier : porter une orange

Bibliothèque

Georges Bertrand
Dictionnaire des mots français venant de l'arabe du turc et du persan.

C. Bougié et G. Lefranc.
Histoire du travail et de la civilisation. Dernière année de scolarité primaire. Société Universitaire d'éditions et de la civilisation. Programme 1938.

Abderrahmane Bouchène, Jean-Pierre Peyroulou, Ouanassa Siari Tengour, Sylvie Thénault.
Histoire de l'Algérie coloniale.
La Découverte

Fernand Braudel.
La Méditerranée. Espace et Histoire.
Grammaire des civilisations.
Champs Flammarion.

Karim Chaïbi
Atlas Historique de l'Algérie
Editions Dalimen

Jocelyne Dakhlia et Bernard Vincent.
Les musulmans dans l'histoire de l'Europe
2 tomes. Albin Michel

Georges Duby et Fernand Braudel.
La Méditerranée. Les hommes et l'héritage.
Champs. Flammarion.

Salah Guemriche.
Dictionnaire des mots français d'origine arabe.
Points

Edouard Glissant
Traité du Tout-monde Poétique IV..
Gallimard.

Dictionnaire historique de la langue française.
3 tomes. Sous la direction d'**Alain Rey.**
Le Robert

Marie Treps
Les mots voyageurs.
Petite histoire du français venu d'ailleurs.
Seuil

Henriette Walter – Bassam Baraké .
Arabesques . Points.

Henriette Walter – Gérard Walter.
Dictionnaire des mots d'origine étrangère.
Larousse

Amin Maalouf.
Les mots voyageurs sur le blog
http//www.aminmaalouf.net/fr/category/les-mots-voyageurs/
Léon l'Africain. Livre de Poche
Les échelles du Levant. Livre de Poche
Samarcande. Livre de Poche
Les croisades vues par les arabes. J'ai lu
Le périple de Baldassare.. Grasset

Adonis
Désert, journal du siège de Beyrouth du Collection les cahiers de Royaumont– 1988

Tariq Ali
Un sultan à Palerme
roman traduit de l'anglais par Diane Meur éditions J'ai lu

Mahmoud Darwich
Entretiens sur la poésie avec Abdo Wazen et Abbas Beydoun traduction Farouk Mardam Bey Actes Sud

Les cahiers 1 et 2 de la nouvelle collection Diwăn des mots voyagés, écrits et oralités, rassemblent une part des textes, retranscriptions, notes, prises de vue et de son, entre 2012 et 2015, réalisés principalement à Marseille et Gardanne.

La publication inclut un CD composé de 28 cartes sonores enregistrées dans le cadre des rencontres et un format libre recto-verso plié de 22 sur 64 cm, reproduction du dessin de la carte des routes et des mots proposés.

Muriel Modr a construit ces deux cahiers et en a réalisé la maquette avec Alain Castan
Traduction et transcription des mots de langue arabe : Nacéra Tolba
Relecture : Nadia Bendjilali, Nacéra Tolba et Alain Castan
Photographies : Muriel Modr
Prises de vues des cartes routes des mots voyagés : Olivier Modr
CD – Prises de son et montage : Loïc Lavaut et Muriel Modr
Assistante son et images : Sam Madjer

Un grand merci

à Belahid Mohamed, fileur de soie à Casablanca qui nous a offert des fils à tirer jusqu'au diwãn. Merci à un autre fileur de Essaouira qui a accepté que je prenne une photographie, sans interrompre le mouvement parfait de ses doigts qui moulinent les trois fils de soie pour tisser un fil. Il gagne sa vie à ce rythme.

à Kenza Sifrioui et Hicham Houdaîfa pour leur accueil et leur participation

à Alain Castan pour la co-réalisation des cartes, le temps passé pour toutes les étapes du diwãn.

à Nacéra Tolba et Nadia Bendjilali pour leur accompagnement

à Rahou Farah et aux femmes du centre social Agora à Marseille et de l'association Contacts à Gardanne pour leurs collectes, leurs échanges et leur accueil.

Aux enfants, animatrices et animateurs de la Maison des familles Font-Vert

à Nadège Richand et Christiane Cazeneuve pour les premières rencontres avec les femmes du centre social des Flamants et avec les femmes du centre social Malpassé-Lilas

à Loic Lavaut pour sa disponibilité

à Zoubida Fettouhi-Tani pour ses dessins qui seront présentés dans l'installation du Diwãn

à Anis et Fathi Tahar Mammar pour leur connivence.

à Francine Muraille pour son soutien constant.

Muriel Modr

Achevé d'imprimer en octobre 2015
sur les presses de CCI
9, avenue Paul Héroult 13015 Marseille
Dépôt légal : 4ème trimestre 2015